경남시인협회 사화집

전설이 흐르는 유등

GPA 경남시인협회
Gyeongnam Poet Association

■ 시집을 펴내며

등처럼 밝고 따뜻해지리라

강 희 근 경남시인협회장

진주 국제유등축제 행사의 하나로 경남시인협회는 '등축제와 함께하는 시인들' 프로그램으로 참가했습니다. 참가하면서 유등에 관한 시를 회원 각자가 써서 이제 사화집 한 권을 내게 되었습니다.

축제기간 동안에 '오늘 우리에게 축제란 무엇인가?' (발표 김열규 교수)라는 주제로 진주 산업대학교에서 세미나를 개최했고, 이어 야간에 베풀어지는 등축제 현장을 찾아 시인들은 유등과 고정등이 어우러져 만들어내는 어둠과 빛의 조화와 긴장을 맛보았습니다.

어떤 시인들은 현장에서 즉흥시를 쓰기도 했고, 어떤 시인들은 돌아가는 차중에서 쓰기도 했고 또 어떤 시인들은 귀가하여 서재에서 조용히 반추하며 시상을 다듬었습니다. 이제 그 시편들이 모여져서 이룩된 사화집이 발간되고 나면, 그 속에 있는 작품들 중에서 선별되고 선별된 그것이 내년도 유등축제 때, 시와 등이 함께하는 '시의 거리' 에 전시될 것입니다.

등만 가지고도 심오한 의미와 이미지에 젖게 되는데 거기다 시인들의 시가 등에 업히면 '시의 거리' 는 환상의 공간이 될 것입니다. 참여해 주신 경남시인협회 회원 여러분의 작품들이 등처럼 밝고 따뜻해지리라 믿습니다. 감사합니다.

2010년 11월

주약동 시문학연구소에서

2

3

첫번째

유등 노래

전설이
흐르는
유등
8

남강

강지연

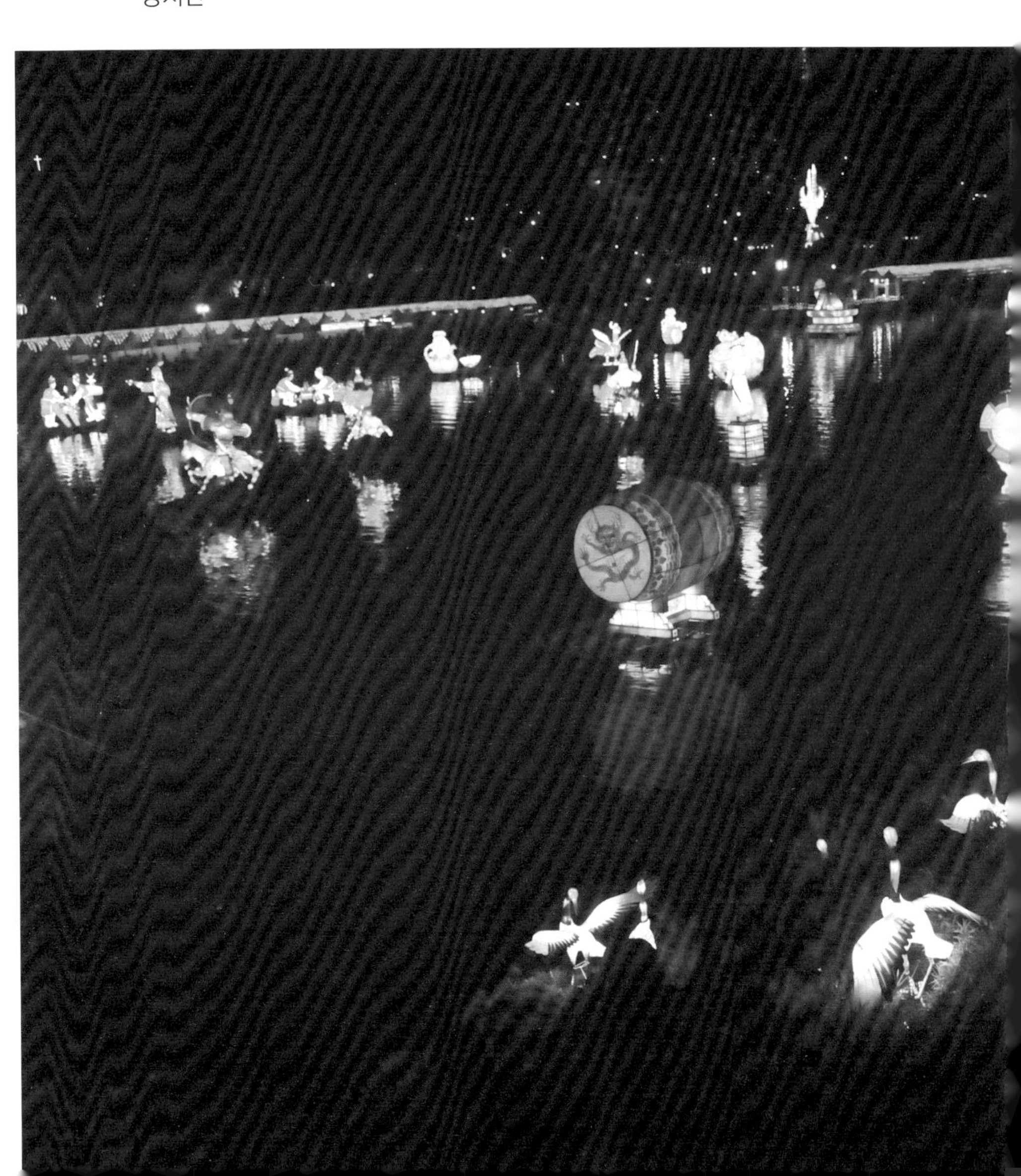

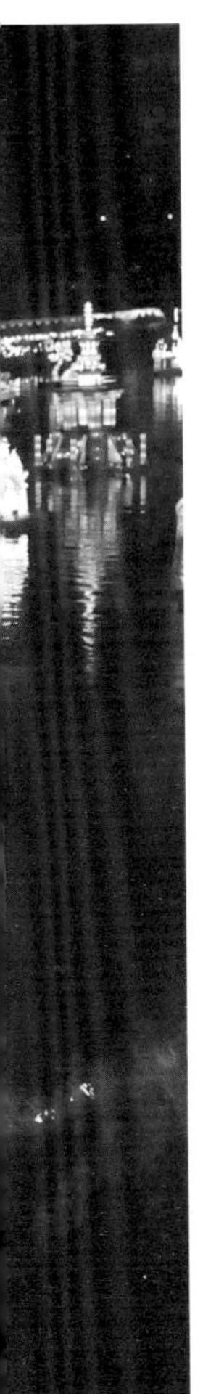

서릿발같이
푸르던 절개
승천한 논개의 넋이여
달무리로 지는 밤에
추운 세상
희망마저도 도적맞고
울지도 못하는 숨소리 하나

진주 남강 밤 강물에
유등으로 떴다
잔물결이 실어 나른
백사 위에 묻은 꿈
칠암동 참대밭
마디마디 관절 앓아
댓잎에 씻겨가던
저문날의 목메임

파편처럼 간직하여
근심으로 뜨던 별
고삐 엮어 끌려가던
그 멍에 오늘짬엔
청태 앉은 겹세월
뒤벼리 옆 강물
유등 되어 흐른다

유등 축제 · 1 외 1

—유래

강희근

유등은 한 줄의 말이다
성안에 있던 군사들이,
왜군과 이빨을 걸던 군사들이
바깥에 있는 백성들에게 긴급히 타전해 보낸 한 줄의
안부다

밤은 길고
물은 흐르고
적은 물러가지 않았다

무엇으로 아군의 펄럭이는 사기를 밖으로 드러내 보일까
유등은 한 줄의 혈서다
등으로 켜어 물에다 띄우는
전선의 붉은 마음
깃발이다

유등이 흐르면서
밤은 짧고
적은 흔들렸다

새벽이 물을 거슬러 오르고
한줄의 말은
전장에서 단칼로 비유의 몸, 다 이루었다

날이 밝았다

유등은 한 줄의 밭이다
성안에 있던 군사들이,
왜군과 이뻘을 걸던 군사들이
바깥에 있는 백성들에게 긴급히 타전해 보낸 한 줄의
안부다

유등 축제 · 2

그가 가 닿은 곳이 기록이다
그는 해마다 시월에 이봉달이*를 보고 웃는다

*마라톤 국가대표 이봉주의 집에서 부르는 이름.

流燈

고영조

남강 위에 표표히

어두운 하늘 밝혀든

빈자일등貧者一燈

그 마음 그 사랑 너무 뜨거워

차디찬 강물에

두 손을 담그네.

流
燈

소원 유등을 꼭 쥔 고사리 손
강물에 띄워 보냅니다.
외로운 자 가난한 자들의 눈물이었던 강물은
아이의 소원을 안고 흐릅니다.

아이의 유등

아이의 유등

— 남강유등축제

곽향련

아이가 소원을 빕니다.
왼손으로 가리며 급히 써내려간 소원 한 줄
'싸움 잘 하고 공부 잘 하게 해 주세요'
눈물을 감추려 유난히 곧잘 등을 돌리던
아이의 마음을 훔쳐 본 죄인 양
강바람이 가슴을 쏴— 때립니다.
소원 유등을 꼭 쥔 고사리 손
강물에 띄워 보냅니다.
외로운 자 가난한 자들의 눈물이었던 강물은
아이의 소원을 안고 흐릅니다.

멀리 흘러가는 제 유등을 한참 바라보고 선 아이는
제법 자랐습니다.

유등의 노래

하늘과 땅을 뒤섞어 하나로 다시 향 질을 이 몸,

이름없는 들풀인 양 들꽃 되어

다시 올 때 이 갑갑한 빛그림자도 비켜가고

유등의 노래

—다시 만날 때 부르는 노래

권경식

심해에서 울리는 종소리
우웅, 우웅, 울리며 솟아오른 당신
반야봉에서 그 윤곽으로 밝아온다
그냥 침묵 속으로 잠겨든
자작나무 끝자락에서 핀 산청의 눈물
흐르고 흘러 닿은 그곳, 문이 없는 윤회
해도 뜨고 달도 열리는 진주성 함성 그 아래
비탈길에는 아버지 등 뒤를 비켜가는 벼랑이 있고
또 그 아래 흐르는 빈빈 고요의 남강
내가 밟고 가야 할 과거—미래의 물결이
슬픈 날개달린 낙타처럼 까마득한 절망으로 쫓기고 있을 줄은 몰랐다
당신이 만든 몸으로 이 모든 영혼을 끌어안고
아버지의 이름으로 쫓기고 쫓기며
아득한 절벽으로 접어든 내 등 뒤도
의미로 가는 자리를 잡는 칠선줄이라는 것도 몰랐다
이 머나 먼 거리를 함께 갈 소리말
검은 이끼 되어 돌 틈도 덮을 수도 있고
잘라내고 덧붙인 파편 음표

미끌어져 내려가 풀벌레 되어 푸른 울음판을 두드리며
올라갔다 내려오는 극한의 청명한 한恨의 소리로
빈칸으로 쌓이고 쌓여 유랑으로 떠돌아다니지만
천왕봉을 통째로 떠메고 지리산 하나를 뒤덮고
조금씩 떠나가는 저 환상적인 평화스런 생명,
좁은 문 나와 익살스럽게 웃음 짓고
새벽 깊을수록 더 깊어질 울음으로 남해바다로 가고
하늘과 땅을 뒤섞어 하나로 다시 향 짙을 이 몸,
이름없는 들풀인 양 들꽃 되어
다시 올 때 이 갑갑한 빛그림자도 비켜가고
그 누구에게도 알려지지 않은
텅 빔에서 출렁이며 울리는 차이로 전율하겠지
아! 다시는 되돌아 올 수는 없는 이 열외자
당신 품안 생명 되어, 한꺼번에 빛으로
바위틈에서 촛대 없는 촛불로
서로 서로 밝혀주고 일어날 횃불로 솟아올라라
그 익살스런 무의미처럼 평등의 유등으로 밝혀라

선물

권선숙

아주 오래 전에
남강 다리 위에서 옛사람을 기다린 적이 있었다
기다리다 지쳐 돌아서려는데
뜨거운 게 울컥, 치밀어 올랐다
그리움 덩어리였을까
한참동안 난간에 기대어 강물만 바라보고 있노라니
차츰 가슴 속이 환해졌다
노오란 등불이 켜진 것이다
검푸른 강물에 띄워 보내고 나면
세상은 왜 그렇게 환한지
그리움을 품고 사는 일이 왜 이렇게 설레는지
선물을 안고 돌아가는 길,
눈부시다

선물

아주 오래 전에

남강 다리 위에서 옛사람을 기다린 적이 있었다

기다리다 지쳐 돌아서려는데

뜨거운 게 울컥, 치밀어 올랐다

그리움 덩어리였을까

다시, 유등

다시, 유등

김 경

설경, 설경 피멍 든 속살들
정금의 시간을 밝히고 앉았는데 애인아
홀아비꽃대
물 밑에 잘 내린 뿌리로 앉았다
사람도, 물도
어느 만치 흥건해진
시월상달
저기, 떠돌던 하늘도 말문을 열었는데
발열의 꽃대에
물까마귀처럼 포개진 우리 연애는 아직도 떠돌고 있구나
수시로 돌아앉는
그대를 지우기 위해 혹은
그대에게로 흘러가기 위해
팽
팽하게
남강을 당기고 있다

所望燈을 띄우며

김계자

출렁출렁 사랑다리를 건너면
망경동 둔치엔
세계 각국 풍물등과 우리의 전통등이
찬란한 불꽃축제를 연다

논개의 푸른 절개가,
순절한 백성 7만의 넋이,
그들의 넋을 유등축제로 승화시킨
진주 시장, 진주시민들의 수고가 고마워
감사의 마음 정갈하게 담은
소망등 하나 강물에 띄운다

철부지 교사였던 내게
내 생애 최초의 버팀목이 되었던
망경산 자락 S여중 · 고 동료교사 · 제자들이
유유히 흐르는 불빛 속에서 그때처럼
환하고 다정하게 나를 반긴다

띄우며

所望燈을

바람결에도 마음을 내다걸고

줄이가는 사람의 골목

꺼지지 않는 저 별빛을

유등이라 하지 않으리

유등

유등

김명희

바람결에도 마음을 내다걸고
돌아가는 사람의 골목
꺼지지 않는 저 별빛을
유등이라 하지 않으리

한 획 점이 번져
천만의 물살과 칠만의 연꽃을 피운
저 강물에 흐르는 꽃향기를
유등이라 하지 않으리

밝음은 밝음대로 어둠은 어둠대로
흘러야 하리

제 그림자 닦는 댓잎은 댓잎으로
흘러야 하리

비가 내리면

金舞影

나무는 꽃을 피우고 새들은 날았다
하늘은 물을 뿌리고 있다
20도의 기온을 이 삼동에 품어내는 것은

추위에 떨고 있는 엄마 잃은 어린 싹과
냉방에서 웅크려 어쩔 줄 모르는 노인을 위하여
그저 냉랭한 들판을 굶주린 채 떠도는 동물들과
난방비 빚 독촉에 삶을 종결하려는 농부의 절규를 위하여

김을 내 품고 있는 걸까
따스한 비가 내리는 겨울날
나는 얼마나 빚을 졌을까
어머니, 친지들과 가족들, 친우들, 이웃, 고향사람들

그리고 자나 깨나 생각하고 있는 사람들과
절망과 외로움에 방랑하고 있을 때 그 사람들이며
실의에 빠졌을 때 사랑의 눈빛을 주었던
그 정과 마음이랑, 미소까지

아! 내리는 저 빗방울 보다 많은 빚을
여태껏 지고 왔구나

비가 내리면

남강에 등불 밝히고

김순희

남강에 불꽃이 흐른다.

반 만 년 전
하늘 문 열어
홍익의 큰 뜻으로
신시를 밝히던 불꽃
유등으로 다시 피어
민족의 가슴에 불을 지핀다.

지지않는 빛으로
남강에
은하수 되어
영원히 흐르리라.

남강에
은하수 되어
영원히 흐르리라.

멈추지 않는 그 몸짓에게

멈추지 않는 그 몸짓에게

김연희

검은 머리칼 한 줄기로 혼魂 건지던
시간의 숲에서 물그림자 전설을 건집니다
물결처럼 멈추지 않는 유년의 등불을 켜면
강물은 드문드문 애기똥풀 꽃핀으로 꽂혔다가
찰랑찰랑 개망초 입술 푼 꽃잎마다
그래, 그래 입이 마르도록 노래하였지요
씨룽씨룽 꽁지날개 비비는 매미처럼
도란도란 쌩쌩 잘 살아보자 했지요
보리개떡에 누런 꿀떡
고소한 공갈빵이 세월 강에 누워 저만치서 웃는데
초록 길모퉁이에서 사라진 유년의 환한 웃음은
끈적끈적한 환멸스런 그 차가운 늪에서
깊고 어둔 꿈의 벼랑길에 부딪혀
아득한 바람으로 나부끼는 저 몸짓은
반딧불이 그 멍든 가슴에서
사라지지 않는 선善을 만나 바치는 기도입니다
젖은 몸부림도 이윽고 무지개 문을 달아
투명한 영혼 날개 품고
푸른 침묵으로 흐르는 멈추지 않는 전설입니다.

남강유등

김영곤

감춰진 내면 드러내기 전엔
혼자 속으로만 울어야 했다
가슴 새까맣게 타들어간 화병火病
강물에 던지고선
그제야 출렁이며 속 풀었다
빛이 모였다 한 줄기 빛
온전한 형첼 잃어버렸던 세월
앓던 속병 치유하고 나서야
밝고 완전하게 살 수 있음을
등燈은 아름답게 유연하게
조용조용 몸으로 보여 주었다
사는 게 모두 축제의 밤임을
들썩인 흐느낌 거두고 그리
사람 심연深淵에 속삭여 주었다

등燈은 아름답게 유연하게

조용조용 몸으로 보여 주었다

사는 게 모두 축제의 밤임을

들썩인 흐느낌 거두고 그리

사람 심연深淵에 속삭여 주었다

물결 거슬러 부여잡은 사연들

내 잊지 않으마

축제의 마지막 밤에

긴 궤적을 남기며 떠나는

그 약속

유등,

유등, 그 약속

남기태

하늘 별을 따다 가꾼 꽃밭
송이송이 아름다운 약속
오늘을 기다려
드리운 긴 그림자 흔들리는 여심인가
물결 거슬러 부여잡은 사연들
내 잊지 않으마
축제의 마지막 밤에
긴 궤적을 남기며 떠나는
열차의 차창에 흐르는 안개
그것은 정녕 안개였나니

유등

민창홍

보름달 앞세우고
남강에 갔더니
어둠을 풀지 못하는 강물
고향의 하늘을 바라보고 있다

흐느끼는 물소리 따라
흘러가는 이 마음
절절한 사연되어
별들이 굿판을 벌였는데

달빛은 강에 발을 담그고
새벽별 식을 때까지
강 건너 마을에 들리도록
어머니를 부르고 있다

속살 차오른 강
진주성이 뛰어내려
머리를 풀고
아리랑 고개로 굽이쳐 흐른다

달빛은 강에 발을 담그고

새벽별 식을 때까지

강 건너 마을에 들리도록

어머니를 부르고 있다

등(燈)
관람교
부
매표소

남강유심

박구경

꽃잎 꽃잎 보따리로 한 아름 안고

강물 깜깜하게 우는 것이려니

흘러가 닿을까마는

깃과 섶을 달지 않은 저 처음의 별

전설이 흐르는 유등

두번째

유등 노래

風前燈火

박노정

일찍이 소망 한 줄 품었나니
바람 앞 등불의 날에도
남가람 시린 물에
스스럼없이 띄웠나니
4백 년을 지치도록 흘렀지만
등불에 밝힌 한 줄
늘푸른 댓잎처럼
시방도 사운대고 있거니

風前燈火

승천하는 땅의 기원 하강하는 빛의 춤사위

몇 겁을 거슬러야 저 강의 눈물 보듬을까

엇갈려 뒤돌아볼 수 없는 유등의 슬픔이여

초혼점등, 그리고

박성임

어둠과 빛살이 살 부비며 한몸되다
이끼 낀 풍등하나 강나루 건너오고
백옥색 치마저고리 천만번 스쳐온 바람

승천하는 땅의 기원 하강하는 빛의 춤사위
몇 겁을 거슬러야 저 강의 눈물 보듬을까
엇갈려 뒤돌아볼 수 없는 유등의 슬픔이여

별신굿 신명 춤에 되살아오는 남강의 체온
내 작은 초롱불 밝혀 영원으로 가는 길목에
천년의 등불을 안고 귀환하는 불타는 배웅이여

진주 갈래

박우담

진주에 가면 갈래길이 있다
길게 늘어선 물그림자 갈래갈래
다랑논으로 엎드려 있다 유등 하나하나
제 길을 내고 있다 길 따라
백지에 긴꼬리붓 휘갈기고 있다
눈 지그시 감고 물감을 풀어낸다
옛 백사장 어디쯤에 돋아있을 새발자국도
그려 넣고 빨래터 아낙의 옷고름도 되새긴다
화폭마다 물그림자 줄줄이 그려낸다

컨컨이 어두움으로 뿌리내린 물두렁
물두렁 바라보면
어머니 빨래 삶던 곰솥이 보이고
비봉산 휘돌아오는 까마귀도 보이고
망진산 훑고 가는 잠 덜 깬 열차도 보이고
지게에 칼치 매달고 오는 비릿한 당숙도 보인다

진주에 가면 갈래길이 있다
머리카락처럼 수없이 갈라진 에나 숨쉬는 길이 있다

그 길에
대한금속 버스소리도
또개 소리도 간혹 들린다

지금
유등은 한 땀 한 땀 아득한 진주를 수놓고 있다

등이 강을 만나

배정인

물에 불을 띄우고 합장하는 기도를 보았구나
어릴 적 엄마 등에서, 그 뒤로 내 안엔 어룽어룽 등강이 흘러
두 손 오돔아 바람 가리는 어머니의 소망이 늘 슬프구나
와—, 뭇 사람들 환호하는 저 공중에서
속 터져 자빠지는 허황한 불꽃이 아니다
섬세한 옛람 굽어보는 낮은 발 아래로
은하에 한 줄기 심지를 담그고
아른아른 손짓하는 환청의 등피
지금도 별로 가는가, 어머니.
썩을 가죽 갈빗대 안에 한 송이
피우는 일이구나, 산다는 것이.
청춘을 팔아 먹은 소망이사 하마도 못 버려
눈 끔적끔적, 내 초롱꽃 서넛
풀고 있어라. 이 밤 깊은 속 귀밑머리

두 손 오듬아 바람 가리는 어머니의 소망이 늘 슬프구나

와 ―. 뭇 사람들 환호하는 저 공중에서

숙 터져 자빠지는 허황한 불꽃이 아니다

섬세한 옛림 굽어보는 낮은 발 아래로

황홀

남강의

남강의 황홀

서인숙

온통 유등으로 피어 있는 남강을 보면
깊은 골짝 고목에 주렁주렁… 색색의
천들이 춤추며 한 판 굿을 벌이고 있는
모습 같다

선사시대에서 이어 온 전통과 현대가
어울린 불 굿과 물 굿을 벌이고 있다
그 빛과 물의 한가운데서 불쑥 논개의
치맛자락이 펄럭이면서 애국심을 보여
준다

누가 모르랴. 전설 같은 역사를 강물이
말해 준다
아! 나도 강에 뛰어 들어 한 판 물 굿을
벌이고 싶다 아무도 모르게…
사람들의 홍수, 빛의 홍수
진주의 슬기여!
높이 울려라.

흐르는 불

성선경

어둠은 내게 등 기대고
나는 어둠에 등 기대고

깜박 깜박

그래 너 거기 있구나
그래 나 여기 있다

깜박 깜박

네가 천 길 우물을 판다면
나는 천 길 두레박을 내릴게

깜박 깜박

아주 가려운 등 서로 긁어주며
깜박
깜박

흐르는 물

지금 남강은 붉게 흐르고 있다

누군가의 그리움을 싣고

누군가의 외로움을 싣고

논개의 마음처럼

촉석루의 역사처럼

流燈

양 곡

한 방에 쌀 한 가마니 값이 든다는
축포의 밤 축포의 밤하늘에
별들처럼 우루루 쏟아지는
저 불꽃들이 차라리 우리나라
남쪽에서는 남아도는 쌀이라면

지금 남강은 붉게 흐르고 있다
누군가의 그리움을 싣고
누군가의 외로움을 싣고
논개의 마음처럼
촉석루의 역사처럼

논개 유등

오하룡

하 오래된 분이라 얼른 알아보지 못했구나.
어떤 모습일지 상상도 닿지 않았으니
몇몇 화가들이 온갖 촉각으로 더듬거린 초상으로
나 역시 희미하게 감지했을 뿐이니
오늘 진주 남강에서 만난 많은 유등 가운데
유독 논개부인 유등을 만나는 유별남은
그것이 비록 철사를 얼기설기 엮어 바른 창호지에
등불을 넣어 형상을 갖춘 것이긴 하나
그날 왜장을 끌어안고 물 속으로 뒹굴던 분기憤氣어린
모습은 이제 아니고 우리 전통의 기품 있는
조선부인으로 미소 머금은 듯 환생한 모습이니
이 순간 우리들은 다만 오래오래 손 모을 뿐이니.

논개 유등

휘영청 달 밝은 시월에

휘영청 달 밝은 시월에

윤덕점

산벚꽃 떨어지는 봄날 오후
꽃 따라 오르던 산길에
그대 향한 그리움 한 채 지어들고 싶다
색 고운 풀잎으로 담을 두르고
달빛 별빛 불러 모아 봉창을 내어
유등축제 휘영청 밝은 시월의 밤
초가을 저녁 남강에 뜬 유등
푸른 꿈 단풍처럼 내다걸고
아무 걱정 없이 흙내 나는 방에 들고 싶어라
결 고운 남강 물로 시를 쓰다가
밤 지샌 나는 날밤을 새워도 좋아
산새들 깨워도 늦잠 자는 시월에

남강유등 세계의 불빛

윤종덕

가을바람 창문 틈으로 바람이 든다
젊은 그대 평론가, 내 등 위에 김석준
윗도리 벗어 날 덮어준다, 따스하다
잠깐 잠이 들고 유등이 보인다.
청학은 시간을 타고 피를 흘리며
사백십팔 년 전 임란의 말발굽
사이로 유유히 흘러간다.
펄펄 휘날리며 굽이굽이 돌아
살아있노라 말을 한다, 깜빡이는 빛
유등은 칼바람이다
유등은 칠흑 밤 어둠이다
유등은 꺼지지 생명이다
홀로 붉게 물들었던 몸, 다시…
남강은 유등을 품에 안고
물 위에 나타났다. 이제는 흐르지 않아도
여전히 창틈으로 찬바람 불어오고
불빛에 손을 쬐는 아이들처럼
해맑은 웃음으로 흔들어 주는 옷자락
흐름의 세월 변화로 깨어난 인류애
치유된 상처 아픔을 딛고서

지구촌을 향해 평화의 노래 부른다
울리는 신명 불빛 편경소리 푸르게
밝아지는 포근한 품속 사랑의 불 지펴
기쁘게 맞이한다.

떠집 엮고 어깨받이로 살던 민초네가

필설로 다 짚을 수 없는 간절한 어미가

물씻어 먹는 나라는 없다던 그 일념하나로

제 언덕강 첫물에서 등을 띄웠다

물이 불빛에게

이고운

띠집 엮고 어깨받이로 살던 민초네가
필설로 다 짚을 수 없는 간절한 어미가
물씻어 먹는 나라는 없다던 그 일념하나로
제 언덕강 첫물에서 등을 띄웠다
예사 나뭇잎으로 반딧불이로, 모르는 빛인 듯 흐르거라
어디를 어떻게 돌아, 어느 기슭부리에
맴돌다 몇 번이나 밤낮을 곤두박질쳤는지
물에 꽂은 불심지가 탄다
그대에게 닿기를 간구하던 하늘 열리는 날
이제 막 도착한 남강에 유등들 모여, 오래된 사연들 읽고 있다
꺼지지 않는 혼, 주고받고 서찰들 따스하다

남가람 유등

이광석

치마끈 예서 더 풀지 말자
구절초 울음 멈춘 시월의 남강
타는 노을 베고 누운 혼야의 설레임 같은
따뜻한 시詩 · 시詩 등燈 · 등燈 …
남가람 굽이굽이 시의 꽃밭이로다
역사의 상처였던 흰옷 입은 백성의 눈물이었던
진주성 푸른 이끼마다 살아 숨 쉬는 민족혼의 불꽃
예서 다시 보는 구나
개천예술제 술상 앞에 언제나 먼저 당도한
파성 구상 화인 월초 동기 노석 청마는 또 다른 등꽃이었네
아름다운 예술의 마을 시인의 강이여
막걸리 한잔의 멋과 낭만 함께 어우러진
환히 밝힌 저 눈부신 유등꽃 향기에
진주가 웃는 구나 남가람이 춤추는 구나

유등

남가람

사백 년 먼 성터에서

외쳐 오른 함성이

오늘

강을 밝혀 흘러 닿는 밤

유 등

이 산

띄워 보낸 기별이
여태까지 당도 않아
어스름 저녁에 강둑에 나와서니

사백 년 먼 성터에서
외쳐 오른 함성이
오늘
강을 밝혀 흘러 닿는 밤

물결 딛고 오시는 님
발꿈치에 풋바람 일어
시방 가슴에 붉게 피는 꽃

심지의 심장이 타네

이영자

각양각색 유등불 휘황하건만
우리는 반쪽이 절룸발이 춤을 추네
아직도
노래도 반소절에서 목소리 잠기네
등불은 먼저 알고 있어
울고 있네 타고 있네
심장이 오그라 드는 것 같다네
우리 몸에 새겨진 우리의 역사
사백여 년 전 진주성에서 왜적과
싸울 때 북한의 형제들
힘을 다해 혼을 다해 싸웠지
그들과 손을 놓고 그들과 의를 끊고
조국이 찢어진 이 판국에
불빛만 요란하다 선대의 넋
나무라신다
남북이 하나되어 한민족이 한마당에서
펴라 꾸짖으신다

등불은 먼저 알고 있어

울고 있네 타고 있네

심장이 오그라 드는 것 같다네

우리 몸에 새겨진 우리의 역사

남강 유등

남강유등

이월춘

둥근 것은 사랑이다
지리산 팔꿈치처럼
그대와 나 사이에는
모서리가 없기 때문이다
햇볕에 물들며 스스로 익는
세상의 뭇열매가 둥글 듯이

강물에 띄운 꽃등은 사랑이다
밤잠 뒤척이며 산이 우는 소리에
형형색색의 기다림이 되어
그리움의 종소리가 되어
유장유장 흐르는 마음이 있기 때문이다

둑 너머 하늘이 환하게 밝아온다

Silkian

자라 그림에 대한 우리의 자세

이점선

이 자세로
벌겋게 핏발선 몸에 얼음을 얹어주마
염분 진한 물을 끼얹어주마
바닷속 윤기를 그대로 유지해다오
오백년 전의 토끼의 간을 꺼내어다오
까맣게 반질거리는 눈을 떠다오 감지 말아다오
생선 파는 스티로폼 엉덩이받이가
낡아서 다 떨어지도록
이 자세다
서서 아이 낳는 자세다
발꿈치는 소 굽보다 거칠다
손으로 긁어낸 알집의 자리 꽃그림을 넣어주마
병 깊은 미련 남은 몸뚱이 다 잘라주마
비릿한 냄새 도로 뿌려주마

뜨거운 불 위에서 몸을 열어라
몸을 버리고
후불탱화 속 잉어로 돌아가거라

너벌한 껍질 석쇠에 오그라붙는
너는

내가 칼질했다

너의 마른 비늘이 내 몸에 다 붙었다

전설이
흐르는
유등

세번째

유등 노래

장미꽃이 피어 있다

이종만

남강에는 무더기 무더기 장미꽃이 피어 있다.
꼬리에 꼬리를 이은 사람들은
꿈속 길로 강물 속으로 녹아들고 있다.
남강 물 속에서 자라 오르던 대숲,
장미꽃들을 비집고 들 틈이 없어
아니, 떠밀려 나와
밤이면 쏘아대는 아이들의 폭죽에 놀라
제 품속으로 허둥거리며 숨어,
둑방에 엎드려 있다.
정오의 태양도, 물결의 희롱으로
강 너머로 밀쳐놓고,
굴뚝으로 몰려가는 불길로
장미 꽃잎이 떠내려가자
장미꽃의 떨군 불꽃을 다 쓸어 담을 수 없어,
논개는 안쓰러워 장미꽃 사이를 거닐자
치마 자락에 앞 다투어 달라붙던
잉어 떼들이 꼬리를 내비치고 있다.

남강 물 속에서 자라 오르던 대숲.

장미꽃들을 비집고 들 틈이 없어

아니, 떠밀려 나와

밤이면 쏘아대는 아이들의 폭죽에 놀라

제 품속으로 허둥거리며 숨어,

둑방에 엎드려 있다.

그리운 것들이 흘러간다.

엄마~ 하고 팔 벌려 뛰어왔던

어릴 적 딸아이 하얀 풍선 사라지고

괜찮다 아가야, 등을 쓸어주시던 할머니

따숩고 꺼칠한 손길도 가고

흐르는 얼굴

— 流燈

이주언

그리운 것들이 흘러간다.
엄마~ 하고 팔 벌려 뛰어왔던
어릴 적 딸아이 하얀 풍선 사라지고
괜찮다 아가야, 등을 쓸어주시던 할머니
따숩고 꺼칠한 손길도 가고
의암을 지나가는 강물이
꽃보다 붉은 여자 끌어안던
그 강물 아니어도
달의 이마는 조금씩 기울어
황금 가면을 쓴 축제의 시간 흘러내리고
우리의 날들도 환한 등불 껴안고
누군가의 강물에 그리움으로 흘러들고.

꽃 등

이창규

유등 띄워 의암을 돌아
촉석루에 앉아라.
솟구치는 만인의 소망
춤사위에 칼빛이 번뜩인다.

불꽃 등 온 세상 밝게
의암 네 귀에 횃불로 타 올라라.
푸른 강물로 오는 봄
돌아 온 오늘을 사랑하리라.

빛과 소리 하늘에 닿아
꽃잎 하나 떨어져
강물에 흘러가듯 가는 봄
유등 잡고 울먹인다.

꽃

등

닮음새를 이루면 이룰수록 더 거칠게 너울 치는 강!

우리가 살다보면

눈잎이 무명으로 흔들려 신산스러워지고

까닭을 잡을 수 없는

울화는

한 송이 붉은 수국으로 띄어 보낼 일이지.

燃燈

임신행

시월이면
무심이라도 하늘을 볼일이지.

하늘은
또 하나의 강이니까.

닦음새를 이루면 이룰수록 더 거칠게 너울 치는 강!

우리가 살다보면
눈앞이 무명으로 흔들려 신산스러워지고

까닭을 잡을 수 없는
울화는
한 송이 붉은 수국으로 띄어 보낼 일이지.

아니다
치성으로 하늘에 띄워 올릴 일이지.

그
붉은 수국에
우리의 숨긴 소원도 실어 보낼 일이지.

유등 축제

정삼희

달빛 지천 피어 있다
많고 많은 인연 기다림 눈빛 같은
절절한 가슴 별무리 소망등 되었다
메마른 사연 밀어내는 바람 한 점
파르르 입술 떨며 쏟아지고
수런거리는 영혼의 울림
저녁 별 되어 화색 도는 이방인
저문 날 꽃불 물들이고 섰다

달빛 지천 피어 있다

많고 많은 인연 기다림 눈빛 같은

절절한 가슴 별무리 소망등 되었다

부교에 서서

부교에 서서

— 유등축제에 부쳐

정이경

저 유등,
끝끝내 풀지 않았던 그대의 손으로 꾹꾹
눌러쓴 전언이다
강물에도 길이 있다고 그 길을
몸소 내보인 그대
그 역사의 행간에다 가만히
한 편의 시詩를 부려놓고 싶어졌다
칠흑의 남강변
제 수위를 가늠하며 유등을
바라보는 일
다시금 누군가를 꽉
껴안고 싶은 게다

물결 병풍

정푸른

남강은 환한 유등이 짜 올리는 옷감 한 필
바람을 업은 유등이 물결을 꿰어
좌로 우로 반짝이는 실을 물고 간다.
들숨 날숨 깨알처럼 적힌
색색의 사연 엮어
꽈배기로 격자로
넘실거린다
베틀 속의 북처럼
당신의 앞모습도
나의 뒷모습도
씨실 날실로 끌어들여

축제의 날,
한 폭 병풍으로 일어서는

병풍 물결

초가을

조찬구

그리움 그리움 우리네 따스함
초록 얼굴 넓직히 흔들리는 평화로움

노랑 미소, 다시 보는 새빨강 앙증스러움
청결, 청순 여리어 고운 자태
황금빛, 농부들 땀자국 걸음

분홍 치맛자락 하늘하늘 펴신 나무 아늑함
오르는 구원의 길 우리네
성모당 넓은뜰 고요한 어머니, 어머니

연분홍 미소 미소, 진분홍 하양 종소리
빛나는 빨강 작은 미소 미소

맛과 향과 빛깔 신라 천 년의 우리네 마음집 나래
그리움 그리움 빛나는 활기로움
빛나는 그리움 서러움 안타까움 우리네 합장合掌

유등

주강홍

온유의 심지를 돋우고
은혜의 불빛을 밝혀
저 강심 깊숙이 등 하나를 띄웁니다

가려져 사는
저 어진 사람들의 눈을 밝히고
낱낱이 기 귀울여
세상의 손바닥마다에
따뜻한 불씨 하나씩을 간추려 합니다

지 머뭇거림 몰래 활짝 꽃봉오리 또 피다

남은 자들의 눈망울 모아 금가락지 끼워주는

떠남도 돌아와 만난다는 봉황새 날갯짓

어찌 저 유등에만 맡기는 기약뿐이랴

진주남강 유등축제

차영한

믿고 산다는 것은 활활 타는
불길 속의 밑바닥 거기까지 가서
뿌리가 붙잡는 기다림으로 하여

감청색 치맛자락 너울 잡고 도는
닿을 만큼 한 가운데에 귓불 밝혀
흐르는 눈웃음 볼마다 발그레 익는
살침 넣지 않아도 빗방울로 화두 굴리는
맨발로 의암義岩 밟다 껴안아 다 바친
그리움도 만났네라 아! 이토록 부르르 떨며
가리고 가려도 먼저 벗고 싶은 유혹

저 머뭇거림 몰래 활짝 꽃봉오리 또 피다
남은 자들의 눈망울 모아 금가락지 끼워주는
떠남도 돌아와 만난다는 봉황새 날갯짓
어찌 저 유등에만 맡기는 기약뿐이랴

소망등

최은애

나의 소망은 나의 평화가 아니다.
너의 평화도 아니다.

등 하나
바람에 기웃기웃거리며 흐르다가
캄캄한 마을 들머리, 마중 나온 초롱의 불빛 전율로 만나
한 신발 마을로 들어가는,

들어가 마을의 불빛이 되는
우리들의 목소리 하나 평화다

등 하나

바람에 기웃기웃거리며 흐르다가

캄캄한 마을 들머리, 마중 나온 초롱의 불빛 전율로 만나

한 신발 마을로 들어가는,

어머니의 유등

어머니의 유등

하순희

간절한 기원들이
꽃으로 피어나고

그리운 얼굴도
물결 따라 떠 온다

유등은
흐르는 어머니
마음 안
환한 고향

옥가락지 한 쌍

하 영

경인년 시월 초이틀,
국태민안 세계평화
곱디고운 색실로 정갈하게 수놓은
가없이 고결하고 따스한 기원등祈願燈을
진주남강에 띄우고

옥가락지 한 쌍 정성껏 다듬어
봉황등鳳凰燈에 실어 하늘로 보내면
우리의 전통등과 각양각색 세계풍물등이
해와 달이, 별이 되어 빛나는
논개와 7만의 넋을 모시고 진주성으로 돌아오네

무병장수 부귀영화, 다보탑과 고려청자, 청룡 백호, 강강술래……
저마다의 사연을 담은 2만 5천 개의 소망등所望燈이
품격 있게, 우아하게, 아기자기하고도 익살스럽게
망경동 둔치를 밝히고
흠모의 마음, 모이고 모여
한들한들 사랑다리를 놓네

유등

홍종기

잔잔히 흐르는 남강 물 위로
동동 떠 흘러가던 바가지 안에
소원성취 빌며 보낸 촛불.

다음날 아침이면 여린 물줄기 따라가다
뒤벼리 바위틈에 걸리기도 하고
큰들 들판 수로에 올라앉기도.

고요히 부는 바람 십자 등 업기도
그러나 균형 잘 잡은 어떤 것은
금산면에 당도하여 소식 전하기도

반세기가 흐른 오늘은 그간 보낸 등
다 모아 물길 막아 흐르지 않고
제자리 그대로 장승처럼 서 있다.

강위에서 널도 뛰고 줄넘기도 하며
공기치기도 하고 제기차기도 한다.
팽이도 돌리고 연도 날린다.
김시민 장군과 선열께서 내 민족 위한
함성을 지르며 왜놈들 무찌르고
진주성 보루에 깃발 나부낀다.
우리가 살아 있음은,
우리가 남강을 지킬 수 있음은,
우리가 고향 강 위에 유등을 밝힐 수 있음은……

유등

황규홍

더 많이 띄우는 것이 좋겠다
더 많이 흘려보내는 것이 좋겠다

흘러서 흘러서 기슭을 피하고
물굽이에 살아서
바다로 가리

바다로 가서
애국심으로 가서
역사로 가서

유등

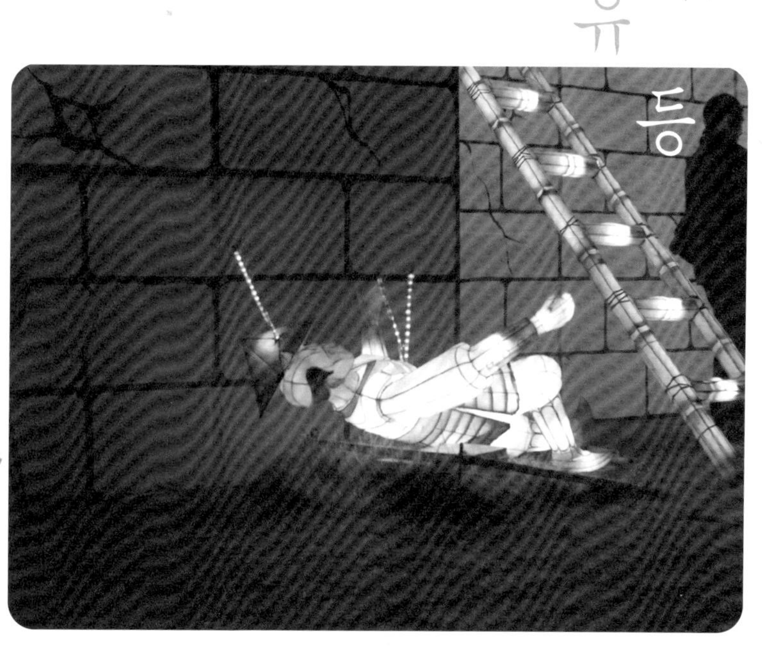

전설이 흐르는 유등

유등 행사에 부쳐

유등은 왜 띄우나?

■ 유등 행사에 부쳐

유등은 왜 띄우나?

강희근

1.

유등流登은 물에 띄우는 등을 말한다. 개천예술제 특별 행사의 일환으로 유등대회가 있었는데 그것이 발전하여 '진주남강유등축제'가 된 것이다. 유등은 진주 이외에서는 그 풍습이 없는 것으로 알려져 있다. 불교의 연등 놀이가 있지만 등을 만들어 거는 것이다.

2.

유등에 대한 역사적 근거는 실록을 비롯한 사서 어디에서도 찾아볼 수 없다. 그렇다고 민속적 근거로도 찾아 볼 수 있는 것이 아니다. 진주시에서 나온 《내 고장 전통》(1983년 진주시)의 세시 풍속이나 고유의 민속놀이에도 들어있지 않다.

그러므로 진주 유등은 민간적 전승이다. 전승으로 흐르다가 개천예술제 행사에 붙들려 되풀이 재현되고 있는 것이다.

유등 행사의 흐름을 정리해 보면 다음과 같다.

—제6회 개천예술제(1955) '축하유등대회' 등장

—제40회 개천예술제(1990) '교육감기 쟁탈 유등대회'

—제49회 개천예술제(1999) '등축제' 등장

—제57회 개천예술제(2007) '개천예술제'와 '진주남강유등축제' 분리

—2008~2009 '진주남강유등축제' 우리나라 최우수 축제 선정

3.

개천예술제 대회 요강에 설명되어 있는 유등의 유래는 점점 상상적으로 확충되어 가고 있음을 볼 수 있다.

1) 남강의 유등은 임진왜란에 참전한 남강 유역 거주 병사들이 가족에게 안부를 전하는 신호로 사용됨에서 비롯하였다. 임란 이후에는 임진년 계사년에 진주성에서 왜군과 싸워 순국하신 7만의 민 · 관 · 군의 얼을 달래기 위한 진혼 행사로 전하여 왔다. 예술제 유등 행사는 온 시민이 참가하여 남강 수면에 등을 밝힘으로써 임진 계사년에 순국하신 조상들의 얼을 추모하고 평화통일을 기원함과 아울러 개천예술제 개최를 축하하는 축등 잔치로 개최되고 있다.

—1999년 예술제 49회

2) 진주에서 남강에 띄우는 유등 놀이는 우리 겨레의 최대 수난기였던 임진왜란으로 거슬러 올라가 영욕으로 얼룩진 민족사에 뿌리를 두고 있다.

1592년 10월 충무공 김시민 장군이 3800여 명에 지나지 않은 적은 병력으로 진주성을 침공한 2만 왜군을 크게 무찔러 민족의 자존을 드높인 진주대첩을 거둘 때 성 밖의 의병 등 지원군과 군사 신호로 풍등을 하늘에 올리며 횃불과 함께 남강에 등불을 띄운 데서 비롯되었다.

이처럼 군사 신호로 쓰이기 시작한 유등은 또한 남강을 건너려는 왜군을 저지하는 군사 전술로 쓰였으며 진주성 내에 있는 병사들과 사민士民들이 멀리 두고 온 가족에게 안부를 전하는 통신 수단으로도 이용되었다. 전쟁이라는 절박한 상황 속에서 통신 수단이 변변치 않았던 절체절명의 순간에 등불에 안부를 적어 전하고자 했던 선조들의 안타까운 심경을 짐작하기란 어렵지 않다 (……중략……) 의롭게 순절한 7만 병사와 시민의 매운 얼과 넋을 기리는 행사로 세세연년 면면히 이어져 오늘에 이르렀다.

—2002년 52회 예술제 유등축제

유등 띄우기의 유래는 갈수록 내용이 확대 확충되고 있음을 알 수 있다. 예술제 초기에는 진주성에서 전사한 군관민을 위로하는 데서 출발했고 이어 평화통일을 염원하는 뜻을 보탰다. 그러다가 49회에 와서는 ①임란시 참전한 병사들이 가족에게 안부를 보내는 신호로 쓰였고 ②임란 전쟁에서 순국한 군관민의 얼을 달래기 위해 등을 띄우는 것으로 뜻넓이가 확대된 것이다.

제52회 예술제 때의 '유등축제'에서의 유등의 의미가 오늘 '진주남강유등축제'의 의미로 이어져 왔는데 요지는 다음과 같다. ①성 밖의 지원군과의 군사 신호로, ②남강을 건너려는 왜군을 저지하는 목적으로(전술상), ③가족에게 안부를 전하는 통신 수단으로, ④7만 순국 이후 선열을 추념하는 뜻으로 등을 띄우게 되었다는 것이다. ①과 ②가 더 확충된 것이다. 논개에 관한 이야기로도 유몽인의 〈어우야담〉이 본래의 출전인데 이후 수없이 확충되어 무엇이 진실인지 가려내기가 힘들게 된 것처럼 유등의 유래도 그렇게 되지 않을까 걱정이 된다.

전승은 각편으로 갈래지고 그것들이 다시 하나의 여울을 만들면서 하나의 민속적 흐름으로 들어가는 것이 아닌가 한다. 결국 유등축제가 사람들의 삶과 문화에 주는 충격이 어느 정도냐에 따라 그 흐름의 진폭이 결정될 것임은 두말할 나위가 없다.

4.

'진주남강유등축제' 행사 개관

■ **초혼 점등**

① 시민등 거리 행렬

② 세계 풍물등 전시

- 소망등 달기
- 유등 띄우기
- 세계 풍물등 기타
  ① 세계 풍물등 전시
  ② 한국등 전시
  ③ 전국 체전등 전시
  ④ 도 · 시 · 군 상징등 전시
  ⑤ 37개 읍 · 면 · 동 상징등 전시
  ⑥ 연인의 거리등 전시
  ⑦ 시의 거리등 전시
  ⑧ 종교 참여등 전시
- 장작등 전시
  ① 창작등 만들기 경연
  ② 창작등 전시
- 전통등 전시
- 국제 세미나
- 체험 참여 마당 및 부대 행사
  ① 유등과 함께 하는 시인들
  ② 창작등 만들기 체험
  ③ 유등 만들어 띄우기 체험
  ④ 시민 참여등 만들기 체험
  ⑤ 전통 의상 입어보기 체험
  ⑥ 전통 놀이 체험
  ⑦ 사랑 다리 건너기 체험
  ⑧ 남가람 어울 마당
  ⑨ 기타

流燈

이효상

마음이 고우면 얼굴도 예쁘니라
論介의 모습을 내대로 그려 보았는데
祠堂의 畵像이 어쩌면 그것과 흡사한고!
이 나라의 의젓한 絕世美人이여!

南江을 뛰어 義巖에 건너 서다
푸른 물소리 우렁차게 흐르는데
문득 나도 論介처럼 몸을 던질 수 있을까? 생각이 드는데
아아 나의 머리는 벌써 절절 흔들고 있지 않나

임의 아름다운 넋이 등불 되어 물 위에 올라와
千 개 萬 개 해마다 등불 되어 물따라 흐르면서
무언가 千萬人의 가슴을 비추어 불타게 하는구나.

유 등

정호승

등불 하나 강물에 떠나 보내지 않고
어찌 강물을 사랑했다 하랴

강물에 등불 하나 흘려 보내지 않고
어찌 등불을 사랑했다 하랴

떠나가지 않으면 떠나 보내리라
흘러가지 않으면 흘러 보내리라

강가의 가난한 사람들이
외로운 술집이 되어 가슴마다 술 마시는 밤
밤하늘을 헤엄치는 푸른 물고기들이
떼지어 강물에 뛰어내려 등불의 길을 따른다

부디 흐르는 강물에 칼을 꽂지 말아 다오
누가 무너지는 촉석루를 껴안고 울고 있는가

지나가는 사람은 지나가게 내버려 두고
떠나가는 사람은 떠나가게 내버려 두고

유등이여
그대 별들과 함께 가서 죽는 곳은 어디인가

나 흘러가면 돌아오비 않으리라
마지막에 남은 등불 하나 바다에 바치리라

전설이 흐르는 유등

경남시인협회 사화집

펴낸날 | 2010년 12월 30일

펴낸이 | 강희근(회장)
펴낸곳 | 경남시인협회
주　소 | 660-290 진주시 주약동 168-10 2층
강희근시문학연구소
연락처 | 010-8158-5836

만든곳 | 도서출판 경남
주소 | 631-430 마산시 서성동 66-18
연락처 | (055) 245-8818, 245-8819
홈페이지 | http://www.gnbook.com
전자메일 | gnbook@empal.com
출판등록 | 제2호(1985. 5. 6)

ISBN 978-89-7675-668-8-03810

※이 책은 진주문화예술재단으로부터
발간비의 일부를 지원받았습니다.

〔값 8,000원〕